Brigitte Thurm

Bis dir aufgeht: dieser Mensch bist du.

Brigitte Thurm verlebte Kindheit und frühe Jugend in der Industriestadt Meuselwitz.

Sie studierte Musik und Theaterwissenschaft, war danach einige Jahre Verlagslektorin und Journalistin in Berlin, promovierte und habilitierte dann über Theater und Film.

Als Dozentin für Weltdramatik und Theatergeschichte an der Filmhochschule Babelsberg veröffentlichte sie Kritiken und Essays zu Theater, Film, Fernsehen.

Daneben erschienen von ihr bei Hinstorff die Novelle „Verena" und der Roman „Verlangen". Dieser unter verändertem Titel auch bei Scherz und Bastei Lübbe.

Schon in ihrem Bändchen „Mildernde Umstände" präsentierte Brigitte Thurm ironisch zugespitzt „mündige Verse zum Tag, zur Zeit und zur Liebe".

Das vorliegende Büchlein erweitert die Reihe der von ihr so genannten Gebrauchsgedichte um neue Texte.

Sie sind der Welt und dem Menschen von heute auf den Leib geschrieben.

Ihr besonderer Ton, die reimend gewonnene Klarsicht auf Irrtümer oder Bedrückungen, läßt den Leser zuletzt immer wieder lächelnd über der Situation stehen.

Brigitte Thurm

Bis dir aufgeht:
dieser Mensch bist du.

Ungeniert Gereimtes
zum Stand der Dinge,
Verse zur Liebe
und mehr

Mit einem Nachwort der Autorin

Impressum

Alle Rechte bei der Autorin

© Juli 2005 - Brigitte Thurm

Illustrationen: Aubrey Beardsley (Vignetten zu „Bon-Mots")

Umschlaggestaltung und Satz: Andreas Lenz

ISBN: 3-8334-3591-7

Herstellung und Verlag:

Books on Demand GmbH, Norderstedt

„Denn Verse sind nicht, wie die Leute meinen, Gefühle (die hat man früh genug), – es sind Erfahrungen. Um eines Verses willen muß man viele Städte sehen, Menschen und Dinge…“

Rilke

INHALTSVERZEICHNIS

ZUM ERWACHEN

LIEBESSACHEN

WEITERMACHEN

NICHT ZUM LACHEN

NACHWORT

ZUM ERWACHEN

TEUFLISCH

Wenn man alles vorher wüßte,
würde man das meiste lassen,
bliebe man in seiner Kiste,
könnte sich zu nichts ein Herz mehr fassen.

Wenn man vorher wüßte, was man nachher weiß,
würden keine Kinder mehr geboren,
würde auf der Welt nichts mehr entdeckt,
bräche Panik aus in mancher Bahn,
söffe man statt Bier bloß Baldrian.
Keiner äße mehr Tomaten, weil:
der Teufel steckt
– wenn schon nicht im Ganzen –
im Detail.

Wärn wir, was wir nicht sind:
Realisten,
ginge uns der Lebensmut verloren.
Täten wir nur soviel,
wie wir müßten.
Doch ein Tagtraum zeigt uns heiß begehrte Sachen.
Und der Teufel flüstert: „Weitermachen!"

MUTIERT

Wir haben uns noch in Erinnerung,
so, wie wir einmal waren.
Das war vor jenem großen Sprung.
Jetzt werden wir wieder Barbaren.

Der Andere war unser Nebenmann,
jetzt ist er Konkurrenz.
Wurde er schwach, packten wir mit an.
Heut üben wir Abstinenz.

Wir konnten, leider unkonvertibel,
nicht flugs nach Singapur eilen.
Dafür waren wir hochsensibel
und lasen zwischen den Zeilen.

Da gabs kein: Nimmsmit, Probiers und Wirfsweg.
Wir hielten Haus, intensiv.
Wir bohrten auf einem kleinen Fleck.
Aber wir bohrten tief.

Wir sahen uns perspektivisch, mit Grund
und dachten ans Übermorgen.
Nun denken wir von der Hand in den Mund
und machen uns Steuersorgen.

Wir möchten nicht mehr in die Enge zurück,
zu formelhaften Debatten,
zum inneren Zensor bei jedem Stück,
wie wir das einmal hatten.

Wir glaubten wohl an ein Superding:
von beiden Seiten das Beste.
Wo man die Tauben gebraten fing.
Nun sammeln wir nur noch die Reste.

Wie damals haben wir *das* nicht gewollt
und ziehen, wie damals, vom Leder.
Denn nun hat er uns eingeholt:
der Fluch des Ent oder Weder.

WAHLFREIHEIT

Es ist ein Zufall, wenn du siebzig wirst
(auch die Statistik wird das noch begreifen),
der Weg dahin gepflastert mit Lawinen,
gesunknen Fähren, Stürmen, SARS
und Geisterfahrern übern Mittelstreifen.

Ein Andrer stieg an deiner Stelle zu,
entschloß sich grade gestern noch, zu fliegen,
fuhr mit dem Unglücksbus zum Rendezvous.
Deshalb warst du bisher nicht totzukriegen.
Es war nicht dein Verdienst, du irrst.

Die Diskotheken fliegen hoch, die Boeings runter.
Entführung, Mord, Erpressung, Raub...
Doch du bist klein.
Wird es an dir vorübergehn?
Kann sein.
Du darfst auch nicht danebenstehn.
Denn was die größte Zahl der Opfer eint,
sie wüßten, lebten sie: Wir waren nicht gemeint!

Du wolltest früher mal nicht über fünfzig werden
und läufst noch rum. Denn dumm
ist: wandelt sich dein Sinn,
kannst du's nicht korrigieren.
Hin ist hin.

Du wirst dich also weiterquälen
und nachts an deinen Knöpfen zählen:
Geht noch Marokko oder nur der Darß?
Und während du an immer neuen Plänen baust,
dich fragen:
         Was nützt Freiheit, wenn du dich nicht traust?!

IM BILDE
(Interview mit Frau B., Hausfrau, Kleinwürschnitz)

Warum ich abends die Nachrichten sehe?
Heute passiert ja fast jeden Tag was.
Da möchte man auf dem Laufenden sein.
Deswegen schalten wir ein.
Man sieht die Leute auch ganz aus der Nähe,
die Politiker und ihre Frauen...

Mir fällt immer auf:
Kommt der Mann groß raus,
sehen die gleich viel besser aus.
Alles takko und schick.
Andre Frisur, Kleider, eben Stil.
Du kriegst zur Mode noch Politik.
Man lernt da wirklich viel!

Manche Abgeordnete tragen
jetzt wieder schmälere Jackenkragen.
Vor allem, was wir bisher nicht hatten:
diese enorm bunten Krawatten!

Hinterher hab ich meist vergessen,
was der gesagt hat. War der
nun dagegen oder dafür?
Aber die Farben merke ich mir.

Die treten auch nicht so auf einem Fleck,
wie mitunter im Radio.
Die bringen immer was Andres, was Neues.
In kleinen Portionen, das strengt nicht so an.

Kaum gesehn, ist es schon wieder weg.
Daß man sich nebenbei unterhalten kann.
Der Abend muß sich doch lohnen.

Und dann die Kriege, die Attentate,
diese ganzen grausigen Sachen,
die man früher nur selten sah .
„In sozial verträglicher Form",
wie mein Mann immer sagt:
Schließlich lebst du ja hier und nicht da.
Unsereins kann sowieso nichts machen.

Und Terroristen! Die Welt wird gefährlich.
Was die für Energien entfalten!
Aber sein wir mal ehrlich: da schweigt
gleich Ihr Ehekrach, der ganze Mief.
Sie spürn: Es ist alles relativ.
Deshalb sollte man's auch nicht abschalten.
Jedenfalls ist nichts mehr sicher im Staate.

Manchmal, wenn wir nach Hause kommen,
sagt unsre Oma: „Stellt nicht erst an.
Heute lohnt sich's nicht. Ist nichts passiert."
Trotzdem: Sie sehn ziemlich viel Verbrechen.
Und: Sie gewöhnen sich dran.

Also – ich denke mal – garantiert
ist es besser, man schluckt solche Brocken.
Da kippt man wenigstens nicht aus den Socken,
wenn die bei uns haun und stechen.

ERLKÖNIGS RAT

„Ach, hätt' ich doch nur ein andres Gesicht!
Ich bin zwar nicht häßlich, doch aufregend nicht."

„Mein liebes Kind, vertrau dich mir!
Ein hübsches Näschen schneide ich dir.
Dazu eine üppig wogende Brust.
Die macht dir Freude und Andern Lust!"

„Herr Doktor, Herr Doktor, ich weiß nicht, mein P..."
„Den lassen wir selbstverständlich nicht so!
Wir setzen ihn höher und ziehen ihn stramm.
Das gehört mit zu unserm Programm."

„Ja, aber... mein Portemonnaie macht da nicht mit."
„Bei mir hast Du, Mädelchen, immer Kredit."

„Und bin ich dafür nicht vielleicht noch zu jung?"
„Das gibt unserer Sache erst richtigen Schwung!"

„Und wenn mich der Nächste nicht ausstehen kann?!"
„Dann fangen wir, Kindchen, von vorne an."

KLASSENTREFFEN
(deutsch- deutsch)

Drei von den Besten
hauten frühzeitig ab nach Westen.
Einer riskierte dabei Kopf und Kragen.
Er fährt den teuersten Wagen.

Sieben blieben und machten ihr Glück,
ohne das ganz große Stück
Welt bis Südafrika:
Urlaub nicht in der Sahara,
sondern in Klingenthal,
ruhig und nicht riskant.
Allemal zu erreichen mit Wartburg, Trabant.

Zwei, nach Workuta geschafft,
kamen durch, warn noch jung, hatten Kraft.

Ein Gestürzter, schmiegsam geworden
in der vereinten Welt,
war Besitzer der falschen Orden.
Womit er noch hinterm Berge hält.

Die hat vier Kinder, ein Bauerngut,
der seinen Professorenhut.

Man sitzt in Rudeln, an großen Tischen:
„Was hast du seitdem gemacht?"
Kellner rufen dazwischen,
unterbrechen die Retrospektiven
durch flambiertes Filet mit Oliven.

Wird da ein halbes Jahrhundert ans Licht gebracht?

Aus dünnen Mädchen wurden Matronen,
aus molligen Schmale mit herben Zügen.
Oder kann da die Erinnerung trügen?

Alle anders. Und doch vertraut,
wenn man genau hinschaut.

Man hetzte Leben hin, Jahr auf Jahr
und merkt erst jetzt, daß es eines war.

Nun stellt man sich auf Jugendfreunde ein.
Denn jung war man gemeinsam. Alt ist man allein.

„Und kennst du noch den...?"
„Und weißt du noch, wie...?"
„Als wir in Latein gesessen..."
„Hätte ich fast vergessen."

Oh ja, das warn damals Zeiten!
Da konnte man, kaum zu glauben,
beinah noch werden, was man wollte,
war man nur fleißig und wach.
Da gab's Gelegenheiten! Da
wurden alle gebraucht.
Nicht frühberentet, nicht abgewickelt,
nicht durch Teilzeitarbeit zerstückelt.
Das warn Tauben in der Hand
und nicht Spatzen auf dem Dach!

Eigentlich wußten sie's vorher schon:
Man lebt im Grunde nicht mit irgendeiner,
sondern mit seiner Generation.

Deshalb ist man am Tresen
sentimental gestimmt.
Die alten Freunde sind schon so weit weg gewesen,
daß sie bereits die neuen sind.

Bis, auf einmal, nach zehn,
unterdrückte Debatten aufflammen:
Diktatur oder Demokratie!
Links-rechts! Ost-West! und soweiter.

Weltbilder brachen zusammen.
„Aus dem Bürgertum raus und ins Bürgertum rein.
Soll das alles gewesen sein?"
„Ist ja das Beste." „Nein. Nie!"

Doch da steht Jemand auf, sagt: „Vertragt euch,
Leute!
Es ist nicht mehr gestern. Wir haben heute.
Und grundsätzlich recht hat keiner.
Die Einen sollten den Andern vergeben.
Was für uns noch zählt, ist: Leben."

MITTELDEUTSCHE ELEGIE

Wie find ich dich, mein altvertrautes Städtchen:
So stumm und leer.
Wo ist das Männervolk, wo sind die jungen Mädchen?
Kein Drängen mehr
in Fleischerläden oder Bäckereien,
auf schmalen Bürgersteigen
aus Blaubasalt.
Kein Kinderschreien, Jagen nach Verstecken.
Und keine Pfiffe an den Straßenecken.

Wer blieb, ist alt.

Die Kneipen und die Kinos stehn verlassen.
Die Läden zu vermieten, zu verkaufen.
Am Bahnhof ist kein Zug mehr zu verpassen.
Wer keine Arbeit hat, kann schließlich laufen.
Noch hofft das neue Chinarestaurant auf Gäste.
Man feiert nicht Betriebs- mehr, sondern Heimatfeste.

Und keine Hausfraun, nachmittags, auf Fensterbänken.
Nichts mehr zu sehn.
Man guckt jetzt besser fern, sich abzulenken.
Und träumt sich's schön.

Doch einmal wöchentlich, fürs Innenleben,
mit PKW,
was man erübrigt, günstig auszugeben,
zu Bau- und Supermärkten
jwd.

Es wird ja westlich oder südlich heute
viel produziert.
Warum dann hier noch und wozu die Leute?
Man importiert.

Ganz totenstill ist nun die Sommernacht,
die hier verzieht.
Kein Tuten, Stampfen aus Fabrik und Schacht.
Mein Wiegenlied.

Und übers alte Kopfsteinpflaster
rumpeln im Morgengrauen
nicht mehr die schwer beladenen Laster
aus Tagebauen.

Du bist so blitzeblank, mein Städtchen,
wie früher nie.
Ich glaube, du bist krank, mein Städtchen.
Ich kannte dich verdreckt von Industrie.

Dein blauer Himmel ist mir nicht geheuer.
Er lacht mich seltsam an.
Der Preis für ihn war so erschreckend teuer,
daß ich mich seiner gar nicht freuen kann.

NEUER TYP

Auf einem Hochplateau
      in den Kordilleren
oder sonst irgendwo,
      wo wir gerne wären,
steht ein silbergrauer Wagen,
strahlend, schnittig, stark und schön.
Wunderbare Kreation
aus den letzten Schöpfungstagen,
vor dem Bergmassiv von ewiger Dauer.
Und dich überläuft ein Schauer.

Aber nirgends ist ein Mensch zu sehn.

Und du fragst dich: wer gehört dazu?
Bis dir aufgeht: dieser Mensch bist du.

Und du spürst: Der Starke fährt nur diese Marke.
Auch ein harter Pionier schafft es nur mit ihr,
in der blauen Einsamkeit zu sein,
unterm Himmel, ganz mit sich allein.

(Solang Andre nicht
das schöne Bild begreifen. Denn sonst
quietschen auf dem Hochplateau die Reifen,
hastig streift der Blick die Kordilleren
und erkennt sie nicht, wie sie dann wären:
Ihre Häupter grau,
in Dunst gehüllt, der aus
Autos, Grills und Motorsägen quillt.)

ÜBERDRUSS

Alles ist heute so unerotisch,
klagte der Dichter X.
Früher war schon ein Gärtchen exotisch.
Aber heute – nix.

Freie Nabel und Brüste
in jeder Bahn, jeder Kaffeediele,
wecken in mir kaum noch Gelüste.
Es sind einfach zu viele.

Sogar im tiefsten Winter nur Nackte
auf jedem Titelblatt,
und im Fernsehen permanent Akte
machen mich eher matt.

Früher war ich mit Boot und Zelt
ein Columbus, am Bodden von Rügen.
Heute kann ich die ganze Welt,
sofern ich Geld habe, kriegen.
Menschenströme, wohin ich auch wandre,
die Kontinente erschlossen.
Ach, Tourist ist immer der Andre!
Man haßt die Spur seiner Flossen.

Manchmal sehn ich mich zurück
nach dem Sehnen, in Sommernächten
vorm Bungalow,
nach der Sinnlichkeit, dunkelgrün,
mit Lampions, Puhdys, Karel Gott,
durch die in silbrigen Strähnen
unsere Grillschwaden ziehn.

Und den Mitternachtsphantasien von Glück,
Lebenserfüllung und -sinn.

Heute träumt man nicht erstmal von was,
man langt nur einfach hin.

Sag mir, wo die Kolleginnen sind.
Wo sind sie geblieben?
Es weht kein suberotischer Wind
mehr in den Großbetrieben.
Da ist nicht mehr Zeit zum Begegnen
oder für Liebe extern,
sondern die Unterlegnen finden da ihren Herrn.
An einem Ort, wo man nichts als jobbt,
sucht man nicht Nähe,– man mobbt!

Das Gänseblümchen ist längst entblättert.
Alle Verheißungen abgeschmettert,
durch Geschäft und Gewalt.
Übrig bleibt nur der Stiel.
Das ist bekanntlich nicht viel.

Aber vielleicht werde ich auch nur alt.

GROSSE WÄSCHE

Nichts Schöneres, als öffentlich zu trauern,
mit Tausenden in Rührung zu erschauern,
wenn mal ein Großer starb. Es wurde Zeit!
So viel Bedürfnis nach Ergriffenheit

unausgelebt! Die Medien bohren flach.
Die Ideologien sind verpufft.
Hier aber machst du deiner Seele Luft.
War, was er sagte, oft auch ziemlich schwach:

Wenn schon! Leg deine ganze Sehnsucht rein.
Schwemm schluchzend Alltag, Frust, Enttäuschung aus.
Lautsprecher spielen schon Choräle ein.

Dort trägt man ihn vorbei! Applaus, Applaus!
Laßt Transparente uns und Fähnchen schwenken!
(Und voller Wehmut auch an Woodstock denken.)

HISTORIENSCHINKEN
(Ausstattungsfilm)
Text des Filmvorführers

Meine Damen und Herren,
hier sehen Sie
den Untergang einer Weltmacht: Rom.
Den Zeitgenossen verborgen
durch alltägliche Sorgen.
Aber manchmal auch Freuden.
Einem Wechsel von beiden.

Außerdem zog er sich sehr in die Länge.
Darum vergaß man ihn oft, im Gedränge.

Wir zeigen Ihnen hier das Finale,
übersichtlich, in der Totale.

Auch mit Details wird bei uns nicht gespart:
Eine rasante Kamerafahrt
bringt uns sofort hinein in die Menge,
die den Circus Maximus füllt,
wo sie dem Gladiator zubrüllt
und entfesselt von allen Zwängen
– vor allem in den oberen Rängen –
aufjohlt, trampelt, hechelt und kreischt,
bis ihn der Panther anfällt und zerfleischt.

Abgebrüht durch die täglichen Schauen,
gewöhnte Rom sich beizeiten ans Grauen.
Die solche furchtbaren Schicksale trafen,
waren ja in der Regel nur Sklaven.

Diese entscheidende Differenz
führt uns weiter, zur nächsten Sequenz,
wo Sie das Forum Romanum sehn,
auf dem die Römer müßig gehn.

Man lebt von Wahlgeschenken der Reichen,
Mehl aus dem Staatshaushalt und dergleichen.
Freien steht Broterwerb schlecht zur Gesicht.
Ein guter Römer arbeitet nicht.

Auch dafür wurden Sklaven bestellt,
reingeholt aus der Zweiten Welt,
Beutegut imperialer Siege.
Rom führte nämlich immerfort Kriege.

Die Metropole war trotzdem heiter.
Auch wenn man starb: Das Leben ging weiter.

Der glatte Ablauf des großen Ganzen
war schließlich ein Problem der Finanzen.
Denn die Staatskassen waren leer.
Wo nahm man frische Soldaten her?

Und siehe da, die politischen Größen
konnten den Fall bewundernswert lösen:
Sie erhöhten drastisch die Steuern,
um germanische Söldner zu heuern.

In der nun folgenden Montage
sehen Sie: eine ganze Legion
gotischen Fußvolks, Hauptleute, Bagage
wird in römische Dienste genommen.

Warum dienten sie Valentins Thron?
Um an die Fleischtöpfe ranzukommen.
Für diesen sinnlichen Weg der Erkenntnis
haben wir natürlich Verständnis.

Die Metropole blieb nach wie vor heiter.
Es ging ja immer irgendwie weiter.

Und nun ein Travelling über Land...
Haben Sie reifende Saaten erkannt?
Nein?
Niemand baute Korn an, freiwillig.
Denn Getreide war viel zu billig.
Roma lebte schon längst von Importen
aus den zwangsverwalteten Orten.

Auch in das mittelständische Leben
möchten wir Ihnen Einblick geben.
Blenden wir nur kurz in diese Stadt,
die den Krieg überstanden hat,
von Verwüstung und Hunger geprägt,
in der sich jetzt wieder Leben regt.

Sehen Sie, was auf dem Marktplatz passiert?
Damit es Jeder mißbilligen kann, Hochverehrte,
zoomen wir Sie heran an den Mann,
der mit der Peitsche den Zehnten kassiert.
Dieser Weg ist sicherlich der verkehrte.

Doch so ein Städtchen war im Imperium
nur wie ein nasser, kleiner Fleck.

Die Metropole, die heiter blieb,
war ja meilenweit weg.

Deshalb ein Schnitt, meine Damen und Herrn:
Wir stehn in Rom – vor verschlossenen Türen,
wo sich die Warlords in diesem Moment
ihren passenden Kaiser küren.
Niemand kann sich so recht drüber freuen.
Aller naslang gab es einen neuen.

Um die ganze Wahrheit zu sagen,
wäre hier noch etwas nachzutragen:
Grundbesitzer, Ritter, Prälaten,
Beamte, Großpächter und Magnaten
waren von Staatsabgaben befreit.
Eine wahrhaft goldene Zeit.

Wir sind da heute exakt im Bilde:
Man zeigte, wo es sich lohnte, auch Milde.

Die Metropole, besonders, blieb froh.
Hier war es besser als anderswo.

Nicht nur für die aus den Hauptgeschossen.
Leider auch für das Spülicht der Gossen:
Kinderhändler und Prostituierte,
die sich bei Wagenrennen rumdrücken,
Diebe, Mörder und Deklassierte,
die nachts in Gassen die Messer zücken.
Wehrdienstverweigerer und Desertierte,
angezogen von den Gerüchen

der öffentlichen Suppenküchen.
Um nicht auf eigener Scholle zu hungern,
gewöhnte man sich, in der Hauptstadt zu lungern
und in Spelunken, an Würfeltischen
seine Barschaften aufzufrischen.

Mit diesen vielen verkommenen Gestalten
wolln wir uns hier nicht weiter aufhalten.

Nur noch ein Kommentar aus dem off:
Ost- und Weströmer mochten sich nicht.
In Byzanz warn die Töne schroff.
Nicht mal nach draußen hin
wahrte man das Gesicht.
Jeder wollte die Mütze aufhaben.
So fuhr die Karre denn bald in den Graben.

Trotz des Verfalls aller üblichen Normen,
hörte man aber sehr viel von Reformen.

Die Metropolen, vorerst heil geblieben,
ihren Soldatenkaisern verschrieben,
immer noch eine Zuflucht für Viele,
boten knapp Brot an und dafür mehr Spiele.

Um die Feinde zu überdauern,
gegen den Einmarsch der Zweiten Welt,
baute man später immer mehr Mauern.

Aber das brachte wenig Gewinn,
denn die meisten waren schon drin.
Man hatte sie sich ja selbst bestellt.

Und nun kommt endlich der Showdown,
der eigentlich keiner war,
denn der welthistorische Clown,
Romulus, herrschte nicht mal ein Jahr.
Willenlos fügte er sich Odoaker,
übergab ihm sein Militär
und vermied dadurch ein Massaker.

Er akzeptierte die gotischen Banden
und war mit allem einverstanden.

Sang- und klanglos und höchst bequem
liquierte er sein System
und überlebte sehr gut, als Person.

       Ach, das kennen Sie schon?!
                Woher?

HASE UND IGEL

Jeder schmiede sich sein Glück:
Auto, Haus und Geld.
Nur Versager dürfen ruhn.
Jeder Tüchtige hat zu tun,
ihm gehört die Welt:

Sonntagsarbeit, Überstunden,
auch bei Krankheit den Gesunden
spielen, fern von Heim und Bett,
immer willig und adrett.

Und er läuft, auf heißen Sohlen,
noch ein Quäntchen rauszuholen:
Steuernachlaß, Rückerstattung,
Preisvergleich und Billigflug,
Gratispack, Direktbezug
zum Erhalt der eigenen Gattung.

Seht ihn hasten, eilen!
Die den Kuchen teilen,
geben auch dem allerletzten Glied
in der Reihe
sein Stück,
wenn es strebend sich bemüht.

Wer gelassen sitzt und steht,
riecht nach Asozialität.

Und er läuft, wo Andre lenken,
denn wer rennt, kann wenig denken.

Aber es geht nur, *solang es* geht.
Ist's der Kreislauf,
ist's der Magen,
Angst vorm eigenen Versagen,
daß er plötzlich stoppen muß?
Woher kam der Lendenschuß?

Jemand murmelt: „Insolvenz".
Jetzt geht's an die Existenz!
Alles viel zu spät.

Und nun fällt er in ein tiefes Loch.
             Und dann denkt er doch.

MORGENLIED

Hörst du den Wecker wecken?
Steig aus den warmen Decken,
Beende deine Ruh!

Denn jede große Wende
Bedarf der regen Hände.
Wer hat sie, wenn nicht du!

Verscheuche Traum und Trance,
Ergreife deine Chance!
Jetzt munter, Tritt gefaßt!

Das Leben wird bestrafen,
Die ihre Zeit verschlafen.
Drum hole dir, was du nicht hast!

ABENDLIED (sehr frei nach M.C.)

Nun kommt die Abendkühle.
Entspann dich auf dem Pfühle
Und ruhe unverzagt!

Laß Zorn, Enttäuschung, Hader!
Du bist nicht Beinhoff, Mader.
Dein Typ war nicht gefragt.

Schalt ab die großen Reden!
Heut geht es ohne Jeden,
Und keiner ist tabu.

So leg dich endlich nieder,
Kompressen auf die Lider!
Dann Affe tot und Klappe zu.

LIEBESSACHEN

BLINDFLUG

Haben Sie sich schon mal
in eine Stimme verliebt?
So gewinnend, angenehm, warm,
daß man sich gleich ganz anders gibt,
– als läge man schon in seinem Arm?

Er sagt nur einen einfachen Satz
(den könnte auch jeder Andere sagen),
aber der hebelt Sie aus Ihrem Platz
und durchfährt Ihnen Herz, Hüften, Magen,
wie starker Portwein oder dergleichen...

Sie legen auf, verwirrt und benommen:
Der ist's! denken Sie.
So was fand ich nie.
Und vor Erschütterung fast gebrochen
sagen Sie: Hier hat mein Schicksal gesprochen.

Aber womit kann ich den erreichen?
Wie kann ich ihn bekommen?

Und nun die Qualen, wenn Sie,
haarwaschend, anprobierend, Fingernägel polierend
sich die Szene mit ihm ausmalen,
unter bohrenden Zweifeln bei allem:
Werde ich ihm gefallen?

Schlaflose Nächte bis zu jenem Tag:
Lieber Gott, mach, daß er mich auch mag!

Und endlich sitzen Sie hinterm Glas Wein
– Fenstertisch, wie vereinbart – und harren.

Vom Foyer tritt Ihr Schicksal herein.
Sie zittern plötzlich nicht mehr. Sie starren:
auf einen Bauch, in ein leeres Gesicht.

        Und Sie wissen:
                Der nicht!

GLÜCK,

das ist – furchtbar schwer zu beschreiben.
Leichter, was es *nicht* ist, zu sagen:
frei von Übeln allein,
nur mal nicht unglücklich sein,
günstiger Zufall an manchen Tagen.

Glück ist wie Blitzschlag: erschreckend, verheerend,
dich in wildem Feuer verzehrend.
Glücklichsein heißt: Außersichsein, total,
Fieber, Wahnsinn, herrliche Qual,
Sehnen, das sich bebend erfüllt
und – gleich erneuert – ins Maßlose schwillt.

Glückssucht glaubt, daß sie alles kann,
fragt nicht nach Dauer, nimmt jede Mauer.
Glück strengt entsetzlich an!

Und würde es nicht beizeiten enden,
stürbe man. An Erschöpfungszuständen.

UN- FASSBAR

Schon wieder nichts von Dir, kein Klingeln, kein Brief,
auch keine mail, nicht mal ein Fax...

Heißt das, – daß zwischen uns nichts lief?!

Es ist schon wahr, du hast mir nichts versprochen.
Es war nichts ausgemacht, es stimmt. Und doch...
So, wie ich an dich denke, müßte bei dir
jeder Nerv vibrieren...
Ich glaube an Telepathie,
und intensives Sehnen kann verführen.
Ich hänge an der Angel, wie noch nie.
Dein Haken reißt mich innerlich in Stücke.

Was ist da los?!
Mach ich mir etwa bloß aus einer Mücke
einen Elefanten?

Gewiß, daß Männer träg sein können, ist bekannt.
Seit Hamlet ist das leider so geblieben.
Deshalb verlor Ophelia den Verstand.
Sie lassen gerne kommen und sich lieben.
Meist sind's nicht sie, die über Zäune steigen.
Nur wenige wollen wirklich Flagge zeigen.

Das kann womöglich bei dir anders sein.
Vielleicht – bist du die bessere Sorte Mann.
Ein richtiger Heißsporn fängt mit Jeder an.

Da liegt schon mein Problem, das ist es eben:
Nur von der Luft allein kann niemand leben.
Im Grunde gibt's doch nur: „Ja" oder „Nein"!

Du hältst mich seit acht Wochen auf der Wippe,
daß ich von einer Krise in die andere kippe.
Wag ich mich vor, ziehst du dich gleich zurück,
und drängst dann du, mißtrau ich meinem Glück.
Natürlich hoffe ich, du tust's nochmal.
Mir dröhnt schon längst das Herz in beiden Ohren,
da hörst du plötzlich auf – und läßt mich schmoren!

Wird das noch lange mit uns weitergehn,
ist nicht bald Schluß mit diesen bitteren Nöten,
wird nicht bald irgendwas geschehn,
geht meine letzte Selbstbeherrschung flöten.
Ich hol mir bei der Sache einen Knacks.

Du läßt mich hängen, keine Stunde ruhn.
Ich hab ja noch was Anderes zu tun!
Du lenkst mich ab, du zehrst an meiner Kraft.
Mein Gott, was hab' ich früher nicht geschafft!
Es muß mal raus: Du bist höchst hinderlich!
Du wirst mein Untergang!

Ruf an! Ich brauche dich.

SIEGMUNDS GEIST

Kennen Sie:
Tschaikowski und Frau von Meck?
Wenn sie kam, war er immer weg.
Oder auch umgekehrt.
Die wußten, was sich gehört.
Zum Glück.
Sonst hätten wir nicht die schöne Musik.

TERZINEN DER SEHNSUCHT
(DER ERSTE)

Ich möchte schwörn: du hast mich fast vergessen.
Fast oder ganz. Es ist so lange her!
Wir haben ja einander nie besessen.

Ich wies dich ab und liebte dich so sehr.
Da gingst du weg, verstimmt, enttäuscht. Auf immer.
Mich zu verlassen, war für dich nicht schwer:

Sogar vom Küssen hat ich keinen Schimmer
(ich schmale Siebzehn, reife Dreißig du).
War ich für dich ersetzbar,- desto schlimmer!

Nur spürte ich: bei allem, was ich tu,
wärst du ab jetzt mein inneres Gegenüber.
Ich hätte das Gefühl, du sähst mir zu.

Wie oft fuhr ich an deiner Stadt vorüber
und stieg nicht einmal aus. Man kannte dich,
du warst bewundert. Ich verschob es lieber,

dir zu begegnen. (Wer war damals ich?
Erst eine Raupe, längst kein Schmetterling.)
Du würdest mich verleugnen, glaubte ich.

Man sprach von deiner Ehe. Zeit verging.
Auch ich fand Glück bei Anderen, inzwischen
und trug – nach dir – auch einen goldenen Ring.

Selbst dann hab ich mich noch mit dir verglichen.
Nicht, daß ich etwa täglich an dich dachte,
mitunter ist auch mal ein Jahr verstrichen.

Doch daß der Schmetterling in mir erwachte,
geschah im Grund durch jenen frühen Schmerz,
der, ungestillt, mich zu mir selber brachte
und wachsen ließ, um mich an dir zu messen.

Ich möchte schwörn: du hast mich längst vergessen.
Und weiß jetzt, wärst du noch bei mir,
brächt ich kaum eine Zeile aufs Papier.

VORBEUGEND

Was ist
die Orientalin ohne Orient,
der große Redner ohne Parlament?

Was bleibt
dir vom Tunesier ohne Meer und Palmen,
vom bayrischen Naturbursch ohne Almen?

Was taugt
der beste Chefarzt ohne Klinikum
und ohne weißen Schwarm um ihn herum?

Denk für Minuten die Umrahmung weg,
das Land, das Amt, den Einfluß und den Titel,
streich diese eindrucksvollen Mittel,
und übrig bleibt – der ganz profane Zweck.

Was ist da Wirklichkeit, was Illusion?
Suchst du die Aura? Willst du die Person?

Bevor du brichst, mein Herz, befrage dich:
Wen meinst du? Und – was ist der Mensch „an sich"?

SO ODER SO

Hätte Werther Lotte genommen,
hätten sie viele Kinder bekommen
und in manchem Jahr vielleicht zwei.
Windeln, Kohlgeruch und Geschrei...

Wären Luise und Ferdinand
in ein fremdes Land durchgebrannt,
kämen sie da fürchterlich ins Gedränge.
Wegen ökonomischer Zwänge.

Wär Beatrice nicht zeitig gestorben,
hätte sich Dante nie Weltruhm erworben,
hätte er – bei ihr zu Hause geblieben –
nicht die „Divina commedia" geschrieben.

Fatal.
Aber alles kann man nicht haben.
Leben ist eben
banal.

WIE ER SICH, SO DIR

Trau keinem, der sich selbst nicht traut.
Sein Beistand ist auf Sand gebaut.
Für seine eignen Schwächen
wird er sich an dir rächen.

Wähl niemand, der sich selbst nicht findet.
An seiner Brust kannst du nicht ruhn.
Schwach ist das Band, das ihn mit dir verbindet.
Er hat zu viel mit sich zu tun.

Nimm keinen, der sich selbst nicht mag.
Wer sich nicht gut ist, kann's zu dir nicht sein.
Er gönnt dir keinen frohen Tag.
Nur wer sich selbst gefällt, flößt Liebe ein.

WARUM....

Warum immer so charmant und gewandt
dort, wo du gar nicht begehrst?
Weshalb so schroff und von sprödem Stoff,
wo du dich heimlich verzehrst?

Beim falschen Mann am kokettsten!
Gefühllos immer am nettsten.

SUCHT

Dieses Ungenügen am Leben,
an ganz bestimmten Tagen.
Zum Beispiel: Mitte Julei.
Wenn der Sommer über den Kamm geht,
und die Luft im Wald steht,
unbewegt, in verhaltener Glut.

Höhepunkte sind schwer zu ertragen.
Was kann es danach noch geben?
Alles zu schnell vorbei.

Das darf doch so nicht vorübergehn!
Irgendwas müßte noch geschehn,
daß wenigstens die Erinnerung bliebe.

Aber es gibt ja nur Eines: Liebe.

UNZEIT

Die Störche sind zu früh gekommen.
Nun gehen sie wohl zugrunde.
Sie haben den Schein für Wahrheit genommen
– zwei milde Tage mit Sonnenküssen –
und hätten es besser wissen müssen.

Schnee auf den Wiesen. Eis überm Pfuhl.
Hungernd in Frösten ruhn.

Was kann tun,
der da ist vor seiner Stunde?

GRÜNDE

Frag nicht, ob du ihm gefällst
oder ob er dich begehrt.
Besser frag: was er durchlebt
und was lang schon entbehrt.

Denk nicht: was hat er mit mir im Sinn?
Ist, was er sagt, nur Betrug?
Sondern: wovon bekam er zu wenig,
und wovon hat er genug?
Wo kommt er her,
und wo will er hin?

Frag nicht, ob er dich liebt.
Frag: was sucht er bei mir?
Wenn du Antwort brauchst, frag zuerst
nach ihm. Nicht nach dir.

DORT, DORT, WO DU NICHT BIST...

Was hat dich immer fortgezogen?
Wo kam das Fernweh her,
das unbestimmte Sehnen, wenn das Meer
zum erstenmal aufblinkte, hinter Dünen?

Mit Schiffen, die vorüberziehn, an grünen
Deichen, Felsen, weißen Stränden
und eines Abends vorm Piräus liegen,
vergoldet von den Bränden des Sonnenballs.
Noch hattest du sie nicht bestiegen.
Doch waren sie ein Glücksversprechen
ohnegleichen.

Was zog dich magisch zu den Kathedralen
– in denen oft nicht nur ein Priester fällt –
zur Sinnlichkeit des Prunkes, nicht von dieser Welt
und zum Geheimnis der Pariser Gassen?
Du konntest kaum noch von Dubrownik lassen,
zwei schwarzer Augen wegen. Nicht, um sie zu malen.

Wie oft bliebst du vor weißen Mauern stehn
und Gitterfenstern, Frauen zugedacht,
als lägst du selbst dahinter, jede Nacht,
nach einem Pedro, Luis, Antonio dich verzehrend,
den du nie gesehn.

Was wär von Neapel geblieben, ohne sich dort zu verlieben?

Und lerntest du das alte Prag
am Arme eines Mannes kennen,

mit weißem Haar, erfahren, klug,
dem du bei jedem Wort vertraust
– du als sein Gretchen, er dein Faust –
war da wohl Täuschung. Aber nicht Betrug.
Ein kleiner Tod am letzten Tag,
von ihm und seiner Stadt dich trennen.

So gab es dich in tausend Existenzen,
mal wirklich und mal in der Phantasie,
vom Drang erfüllt, dein Leben zu ergänzen
und immer wissend: satt war ich noch nie.
Du konntest weder dich noch Andre schonen,
wenn du erleben wolltest und nicht wohnen.
Und immer war das Glück der Ruhe keins.
Denn Wagnis, Euphorie und Ferne blieben eins.

Hört das mal auf, dann mußt du nicht mehr fahren.
Dann brauchst du einen Garten und ein Haus.
Du sammelst Abenteuer, die mal waren,
du schreibst sie auf und machst ein Buch daraus.

TRAUM

Einmal
        sich festmachen können
an einem Menschen.

Abends zu sagen: Schlaf ruhig.
Er wacht über dich.
Wo du dich auch befindest.

Zu wissen: stürzte plötzlich das Dach ein,
er holte dich aus den Trümmern.
Sogar die Sintflut – kein Schrecken.
Denn er trüge dich durch die Wasser.

Zu fühlen: Wie weit du auch von ihm
entfernt bist, du wirst heimkehren.
Zu ihm. Dort ist dein Nest. Er wartet.

Einmal sich festmachen
an einem solchen Menschen.

(Und nichts mehr in Frage zu stellen.)

HERBST

Kraniche ziehen
über See und Garten, verschwinden
hinterm Wald.
Und du bist weit.

Jetzt wird es Zeit.
Wir dürfen nicht mehr warten,
wolln wir einander finden.
Komm bald!

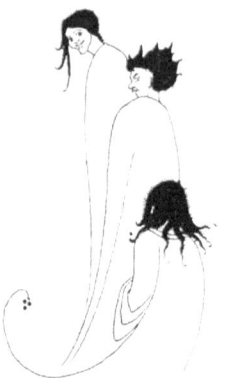

WEITERMACHEN

REZESSIV

Die kleinen Freuden des Lebens, das sind
die Freuden an kleinen Dingen.
Sie geben dir wieder Rückenwind,
wenn die großen mißlingen:

Ein guter Cognak, ein kühles Bier,
ein Billigshirt in Versacemanier,
mal Sex vor dem Canapee,
ein Kurzurlaub an der See,
das Auto aus zweiter Hand –
die Freuden ohne Bestand.

Die großen aber sind Dinge von Dauer
und Ziele auf lange Sicht.
Die haben wir momentan nicht
am Lager. Die sieben Jahre
sind mager. Kein
Bedarf für besondere Gaben.
Wir haben nur Jobs. Wenn wir welche haben.

Was schließlich tröstet, wo man sich quält:
man lebt immer nur in der Zeit –
von Stunde zu Stunde, von Tag zu Tag.
Die Küken werden im Herbst gezählt.

Bis dahin ist es noch weit.
(Es sei denn, daß plötzlich ein Mozart erklingt,
der dich trifft, wie ein Schlag
und dein Selbstwertgefühl auf den Nullpunkt bringt.

Aber dann denk dir, um zu überleben:
Wieviele Mozarts kann es schon geben!)

Verachte die kleinen Freuden nicht.
Sie dienen dem Innenweltschutz.
Unter ihrer dämmenden Schicht
stehst du durch. Nichtsdestotrutz.

NUR EINMAL!

Man sollte niemals etwas wiedersehn,
wovon man ab und zu noch heimlich träumt
und sich erinnernd ein paar Tränen weint.
Im Perfekt ist das Leben wunderschön.

Besuch nie Orte, wo du glücklich warst.
Eng sind die Straßen, die Fassaden blättern,
die weißen Bänke grau von vielen Wettern.
Ich warne dich, damit du dir's ersparst!

Wärm keine alten Leidenschaften auf.
Sonst fragst du: was hab ich an dem gefunden?
Hast du ihn mal geliebt: Verzichte drauf!

Ein zweiter Aufguß wird kein guter Tee.
Verdirb dir nicht das Bild erfüllter Stunden.
Brich frisches Eis, laß den getauten Schnee!

ALLES AUF ANFANG

Du hörst es seit Jahren,
du hast's auch gelesen
(was es im Einzelnen immer sei)
und dachtest bloß: So ist es früher gewesen.
Das ist doch längst vorbei.
Gilt nicht für mich, nicht für heute!
So kann es gar nicht mehr sein!
Aber plötzlich holt es dich ein.
Diesmal auch dich, nicht nur andere Leute.
  Erfahren mußtest du's erst,
                selbst erfahren!

Kluge riefen: „Geht ihr so weit,
ist es aus mit der Sicherheit,
Arbeit, Würde und Perspektiven!"
„Ach was, beim Essen erweist sich der Kuchen!"
schriet ihr. „Wir wolln jetzt was Andres versuchen.
Damit's uns besser geht!"
  Schon war's zur Umkehr zu spät.

„Das wird nichts Gutes, mit dieser Frau,"
warnte ein alter Freund, der's mit dir redlich meint.
Du aber wolltest um jeden Preis lieben.
  Nichts ist davon geblieben.

Theorien sind grau.
Schlau wird man nur
durch Probieren, Verlieren.

BAD MONS – EIN SOMMERMÄRCHEN

Lebt wohl, Berlin und Brandenburg!
Nun will ich westwärts fahren,
zu finden, was ich so entbehrt
in vielen grauen Jahren:

Das gute, alte Bürgertum,
dem ich dereinst entsprossen.
Das an den Quellen von Bad Mons
sein Leben hat genossen.

Im Kurhaus, am Kurpark, zur Réunion,
da hat meine Mama so manche Nacht
mit Tango und langsamem Walzer verbracht.
Sie stammte aus besseren Kreisen
und mußte sich das auch beweisen.

Zwei Staatsanwälte, ein Freiherr von ...,
ein lediger Fabrikant
küßten ihr dort die Hand.

Sie hat zwar keinen von ihnen bekommen
und meinen Vater genommen.
Doch waren sie immerhin Herren von Rasse.

Und wenn das auch schon Jahrzente vorbei,
und mußten sie unterdes sterben,
so ist das im Grunde doch einerlei:
Ich halte mich an ihre Erben.

***

Auf, auf denn: Richtung Magdeburg
und Braunschweig, bis nach Peine!
Ich tanke hinter Hildesheim
und überfahr die Leine.

Nun geht's durchs schöne Weserland,
mit sanften Tälern, Höhen.
Hab aber Muße nicht genug,
genauer hinzusehen.

Dann endlich: Villen von Bad Mons!
Der Weg war ziemlich weit.
Ich schraub mich schwindelnd aus dem Sitz.
(Es wurde höchste Zeit.)

***

Im Grandhotel nehme ich ein Soufflé
avec fromage und ein Früchteaprès.
Was für gediegene Namen!
(Man zahlt auch das Flair und den Rahmen.)

Doch gütiger Himmel, wer sitzt neben mir?!
Wer sind die bulligen T-Shirts beim Bier,
mit den geschwollenen Bäuchen?
Etwa die neuen Reichen?
Oder die Herren auf Kasse?

Die Kellnerin lächelt geduldig
und bleibt mir die Antwort schuldig.

Vergiß es, halt dich an Dinge von Wert,
denk ich und laufe zum Kurkonzert.

Hier hat mal Telemann dirigiert,
Albert Lortzing den Stab geführt!

Eilig dem Platz mich nähernd vernehme
ich von der Muschel her schaurige Töne:
Ein Bläsergrüppchen stottert Léhar.
Wo sind die schluchzenden Geigen?
Zwang sie der Fiskus, zu schweigen?
Die Stadt spart am Honorar.

Weiter drängt's mich, zum Seerosenteich,
der Liebenspaare idyllischen Reich.
Da lümmeln auf Parkbänken müde Touristen
und qualmen. Als ob sie nichts Besseres wüßten.

Derweil spucken Busse der Kaffeefahrten
ihr Publikum in den Palmengarten.
Breithüftig schieben die Guten dahin.
Sie haben wohl Sahnetörtchen im Sinn.

Bergab nun, am strudelnden Wasserlauf,
zum Spielcasino, zum schlimmen Roulette!
Ich höre: man bringe sich längst nicht mehr um.
Dort stockten jetzt Hausfraun ihr Kostgeld auf.
Dazu sag ich nur: Gar nicht dumm.

Doch wie ich mich wende zur Hauptallee,
dem alten Treffpunkt der Hautevolee,
wahrhaftigen Gottes, wen seh ich: die Reste
der ehemaligen Nobelgäste!

Wie kommt ihr so schwach und verfallen daher:
die schiefen Schultern im teuren Jackett,
auf kahlem Schädel das Samtbarett!

Kreuzen die Jungen im Mittelmeer?
Die Mittleren golfen, – im Robinsonclub?
Die Jüngsten trinken, – im Irish Pub?

Euch konnte man noch halten.
Willkommen, mürbe Gestalten!
Ihr seid mir offensichtlich recht krank.
Hier findet ihr Linderung. Gott sei Dank!

Kaum, daß ich es sagte, haun mir vom Rondell
her Kanonenschläge aufs Trommelfell.
Die Bässe vom Discozelt schlagen mit drein,
vor Schnaps- und Schießbuden Johlen und Schrein.
Feuerwerk zischt neben mir vom Podest.
Heute ist Sommerfest!

Aber dafür bin ich nicht geboren!
Ich habe empfindliche Ohren
und ertrage dergleichen Ekstasen
allenfalls auf dem heimischen Rasen.

***

Adieu, Bad Mons, mein schöner Wahn!
Ade, ihr alten Mauern!

Ihr habt mir dennoch gut getan.
Drum muß ich nichts bedauern.

Ich träumte von so mancherlei,
von einem früh versäumten Glück.
Nun kehre ich geheilt zurück
zum guten, alten Osten.
Denn was vorbei ist, ist vorbei!
Man laß es ruhn und rosten.

AB- GESICHERT

Was manche Leute jeden Tag schlucken!
Kann es so viele Krankheiten geben?
Eine genügt: Sie leiden am Leben,
unter dem sie sich ängstlich ducken.

Wie sie ihn quält und er sie, kaum zu fassen.
Früher ging es doch auch, irgendwie.
Daß er nun alt ist, verzeiht sie ihm nie.
Und weil sie dick wird, muß er sie hassen.

Er immer zehn Schritt vor ihr. Und kein Wort.
Vor fremden Gärten bleiben sie stehn.
Er stiert nach da, und sie starrt nach dort.

Absprung verpaßt, Seitensprünge vermieden.
Niemals vereint, aber auch nicht geschieden.

Und die betrogene Phantasie
fragt: warum grade den? Weshalb damals die?

Sie wollten sicher gehn.

AUTOTRAINES GÄHNING
(anfangs sehr langsam zu lesen)

Ihnen geht es momentan schlecht:
Firma weg, Frau weg, Geld weg? Wie weiter?
Achten Sie nur auf Ihr Sonnengeflecht!
Sein Sie gelassen und heiter.

Wenn Sie ruiniert sind, nicht grübeln: was tu ich?
Sagen Sie sich: Ich bin ruhig, ganz ruhig!
Ich sehe vor mir ein schönes Land
und bin total entspannt.

Man versteigert gerade Ihr Haus?
Achten Sie auf Ihren rechten Arm.
Spüren Sie? Er wird warm.
Und dann der linke auch.

Atmen Sie ganz tief ein und dann aus.
Sie sinken weich in die Unterlage.
Keine Unruhe mehr, keine Frage.
Wohlig ruhn Rücken und Bauch.
Ihre Beine sind jetzt warm und schwer.
Keine Probleme mehr. –

Aber zum Schlafen sind wir nicht hier!
Denn die Nächsten stehn schon vor der Tür!
Augen auf!
Raus aus der Horizontalen!
Und vergessen Sie nicht, im Büro zu bezahlen.

ANIMAL SOCIAL

Biologisch sind wir sterblich.
Weiter leben wir durch Taten
(selten groß, gewöhnlich klein)
und das, was wir Andern raten
(möge's nicht das Falsche sein
und sie wirklich interessieren).

Denn der body ist verderblich.
Das ist leider erblich
(wie bei andern Tieren).

STRATEGIE

Schwer sind die existentiellen Momente.
Wo keine windigen Ausreden taugen.
Du siehst dich selber mit fremden Augen,
ohne erbauliche Illusion.

Gegen die Logik von Soll und Haben
gibt es nichts, das man einwenden könnte.
Gegen die Erfahrung der Weisen
richtet dein Klimmzug nichts aus:
Der Berg begann zu kreißen
und gebar eine Maus.

                         Aber schon
tags darauf geht der Selbstbetrug weiter,
und du wirst wieder heiter.

DANACH

Als mit einem Glase Wein
ich durch meinen Garten ging
– Du nicht da. Wie war ich doch allein! –
und mich in den Brombeersträuchern fing,
Kopf im Nacken, sah,
wie ein August-Komet
sich verbrennend durch den Himmel geht,
und ein Vogel schrie zwei,- dreimal in die Nacht,
damals, schlaflos auf bemoosten Wegen,
sehnte ich mich dir besinnungslos entgegen,
liebte dich verzweifelt, schmerzlich,
heiß, damals
                    war ich glücklich.
Wie ich heute weiß.

Wenn ich früh zur Arbeit fuhr
und abends spät nach Haus,
müde, doch von Traum und Ziel besessen
und gab meine jungen Kräfte aus,
durfte aber dabei nie vergessen,
daß mein Kind noch klein war und so zart,
dacht ich manchmal: Mir bleibt nichts erspart.
Ging's doch schneller! Wär es bald soweit!
        Heute sag ich: Eine schöne Zeit!

Als ich dasaß, unter Pappgirlanden
– im Orchester spielten dünn die Geigen –
Reden hörte von den stadtbekannten
Sprücheklopfern zum durchlittenen Abitur,

schwor ich mir im Stillen: Wartet nur!
Euch werd ich's zeigen!
Und ich fühlte mich entsetzlich
unverstanden, war voll Weltschmerz
und geheimer Sorgen.
 Jetzt seh ich: Da war ich noch geborgen.

Wenn ich später mal auf heute blicke,
werd ich sagen: Ja, fast war's das Paradies!
Doch ich merkte's erst,
als ich's verließ.

NOCH

Noch ist es da, was du so sehr geliebt.

Noch ist es grün,
noch haben wir August.

Der Sommer, ausgelebt,
beginnt zu gähnen
und lächelt satt.

Flach liegt das Gras,
in langen Strähnen,
dem Feldrand auf der Brust.

Die letzten Grillen geigen.
In den Senken Feuchte. Die ersten Nebel ziehn.
Die Vögel schweigen.

Die Äcker atmen aus,
erschöpft und matt.

Und in der Nähe, am Waldrand:
Rehe. Reglos schauend,
großäugig. Deiner Art vertrauend.

Mein Gott, daß es so was noch gibt!

INVENTUR

- Ich weiß,
  daß ich nie mehr ein Haus bauen kann,
  denn dazu gehören zwei:
  die häusliche Frau, der verläßliche Mann.
  Doch der ist nicht mehr dabei.

- Ich war
  ohne Rückhalt mit Herz und Verstand
  und hab kein Bekenntnis gescheut.
  Ich nahm aus dem Vollen und lebte riskant
  und hab es bis jetzt nicht bereut.

- Ich denk,
  daß ich klüger als früher bin
  und weiß, was ich ehmals nicht wußte.
  Auch Niederlagen bringen Gewinn
  und Siege mitunter Verluste.

- Ich muß
  nicht zu Autoritäten aufschaun.
  Da wurde ich zu oft betrogen.
  Am meisten kann ich mir selbst vertraun.
  Und blicke ich auf, ist's gelogen.

- Ich möcht
  nochmal ein ganz starkes Gefühl
  – ein Leib ohne Liebe ist taub –
  mit Lust und Schmerzen, von beidem viel.
  (Und daß ich auch daran glaub.)

- Ich hab,
  was mir keine Ruhe läßt,
  mein Pfund noch nicht ausgegeben.
  Und dieser unverwertete Rest,
  der quält und hält mich am Leben.

NICHT ZUM LACHEN

WORTLOS

Er glaubte, sie würde denken, er meine...
Sie meinte, er würde denken, sie glaube...

Das haben sie einander übel genommen.
Sie trennten sich, eh sie zusammengekommen.

TROSTLOS

Dankbar zu sein,
gab's noch nie einen Grund.
Ein erfüllter Wunsch ist
     ein toter Hund.

POLITISCH

Man kann sich selbst inszenieren.
Mancher versteht das gut.
Er findet offene Türen
für das,
       was er sagt.
Nicht tut.

NACH VERMÖGEN

Wenn dieser Stern mal zugrunde geht
– unter Umständen bald –
und das, was Mensch war, im Trockenen steht,
ohne Wasser und Wald,
in den letzten Kämpfen ausblutet
oder erfährt: Kontinente geflutet,
gibt es nur noch zwei Klassen.
Die Einen heben im Raumschiff ab,
die Andern wird man hier lassen.

DIE EIGENEN KREISE

Arme haben kaum Erbarmen
mit den vielen andern Armen.

Alte mögen keine Alten,
weil sie von sich selbst nichts halten.

Kranke lieben meistens keine Kranken.
Haben ihnen ja nichts Gutes zu verdanken.

Schwache sehn verachtungsvoll auf Schwache,
feindlich ihrer eigenen Sache.

Doch die Mächtigen und Reichen
halten sich
              zu ihresgleichen.

WISSEN IST...

Mich wundert nicht, daß ich so fröhlich bin.
Das kommt vom Serotonin.
Das steckt in der Schokolade drin
und wirkt, wenn die Sonne schien.
Das flitzt als Botenstoff her und hin
und rüttelt das Glückshormon.

Ein Glück, daß ich so gebildet bin!
Wer wußte das früher schon!

ANDERE ZEITEN

Jemand sagte:
              „Wer schreibt, bleibt!“
Der hat uns schön verkohlt.
Während ich diesen Satz niederschreibe,
ist er schon überholt.

AUTOR MODERN

Es muß nicht Tolstoi, Strindberg, Kleist,
schon gar nicht Musil sein:
Das bisschen, das ich lese,
schreibe ich allein.

WER IST EIN ALTER LEUT,
                              HEUT?

Der nicht mehr zuhört,
der bloß von sich spricht.
Der immer klagt, aber nichts hinterfragt.
Der keinen Widerspruch mehr erträgt,
nur noch Harmonie.
Der nichts mehr beginnen kann.

Ein verlorener Mann.
Übel dran.

WAS MAN SIEHT

Auf Gefühle ist kein Verlass.
Schnell wird aus Liebe Hass.

Auf Gefühle, wenn echt,
kann man bauen.
Ganze Systeme kommen und gehn,
aber bestehn bleiben: Liebe, Vertrauen.

WORAUF KOMMT'S AN?

Auf Figur oder Kopf,
Beruf oder Topf,
Geist oder Wanst,
Geld oder Welt?

Worauf lebst Du hin?
Was ist Leben wert, ohne Sinn?
Doch was macht Sinn – ohne Leben?

Alles schon durchgezählt?
An kommt's auf das, was fehlt.

UNMÄSSIG

„Was wünschst du dir zu Weihnacht, Schatz?"
„Ich wünsch mir einen Zahnersatz."

„Was wär dein Urlaubsideal?"
„Kein Wirbelsturm, kein Überfall."

„Wie ist es um dein Herz bestellt?"
„Ich habe momentan kein Geld."

„Was wäre, wenn..., dein letzter Wille?"
„Noch einmal eine Kassenbrille!
Und dann – mit Sterbegeld – begraben!"

„Du weißt: man kann nicht alles haben."

BEFUND

Nein, Strahlung war's nicht oder Nahrungschemie.
Jedenfalls nicht primär.
Das kam woanders her.
Er soff auch nicht, und geraucht hat er nie.

Er konnte sich nur niemals relativieren
und tat sich immer entsetzlich leid.
Das kostete ihn nicht nur sehr viel Zeit,
sondern am Ende auch Magen, Herz, Nieren.

STATTDESSEN

Werfen Sie keine Tabletten ein!
So etwas lohnt sich nicht.
Es müssen nicht immer Drogen sein.
Lesen Sie ein Gedicht!

Ehekrise, zerrüttetes Heim,
Mobbing und Prüfungsqual?
Lesen Sie einen frechen Reim –
und die können Sie mal!

Greifen Sie bitte nicht zur Chemie!
Die kostet sehr viel Geld.
Daran verdient nur die Industrie,
und Ihr Körper verfällt.

Wenn Sie frustriert sind, total verklemmt,
nur einen Hinweis wie diesen:
Daß ein flotter Rhythmus enthemmt,
ist medizinisch erwiesen.

Fühln Sie sich wieder mal schwach und klein
– es kann heut oder morgen sein –
werfen Sie keine Tabletten ein!
Die helfen ohnehin nicht.
Nehmen Sie ein Gedicht!

NACHWORT

GEDICHT UND GESICHT

Was ist, was kann, was soll ein Gedicht? Warum nennt man Gedichte „Lyrik"? Fragen eines heutigen Lesers.

Ursprünglich verriet der Begriff Lyrik nur, daß man im alten Griechenland dergleichen rhythmische Texte zur Lyrabegleitung vortrug.

Lassen wir das antike Zupfinstrument, so bleibt uns als wichtigste Information: Lyrik war für den Vortrag bestimmt. Sie hatte (und hat, so behaupte ich) Sprechcharakter. Für Goethe war sie sogar „höchste Rhetorik".

Von ihrem Aufbau her monologisch – ohne dramatische Figuren, ohne die Fülle der epischen Vorgänge – nimmt sie, durch Verbindung mit ihrem Zuhörer/Leser, letztlich Dialog-Charakter an.

Der Autor-Mensch spricht zum Zuhörer-Menschen, der seinerseits nicht unbedingt lauthals, doch mindestens in Gedanken antwortet.

Das ist ein weites Feld, wie der alte Briest sagen würde. Ich behaupte sogar, daß mein potentieller Zuhörer am Schreibvorgang mit beteiligt ist. Ich kenne ihn, von meinen Lesungen her.

Wenn ich murmelnd am Waldrand entlanggehe, Formulierungen ausprobiere, für ein Gefühl, eine Sache das einzig passende Wort suche, tue ich das in sein Gesicht hinein, das vor meinem geistigen Auge steht. An ihm kann ich ablesen, ob ich verstanden werde.

Hat es jenen diffusen, unbestimmten Allerweltsausdruck, weiß ich: meine Worte berühren ihn nicht, sie sind zu allgemein, unklar. Ich muß genauere finden. Hellt seine Mine sich aber auf, in plötzlichem Begreifen, weiß ich: Ich hab es getroffen.

Es stimmt nicht, daß man Gedichte nur für sich selbst schreibt. Wozu würde man sie sonst drucken? Wer das sagt, möchte sich, glaube ich, rückversichern, für den Fall, nicht angenommen zu werden.

In der vergangenen Sowjetunion waren die Säle zum Bersten voll, wenn Jewtuschenko seine Gedichte vortrug.

Rühmkorf rühmte die Erfahrungen, die ihm seine strapaziösen Lesereisen über Land, seine „Ochsentour über die Dörfer" für die weitere Produktion brachten und sprach vom mündlichen Vortrag als „praktischem Bindemittel" zwischen Autor und Publikum – gerade in der modernen Welt mit ihren dominierenden Medien und Interessengruppen,– leitete aber für sich daraus die Verpflichtung ab, seine Zuhörer angemessen zu unterhalten. Schließlich hatten sie ihm ihren Fernsehabend geopfert.

Der Anonymisierung eines übervollen Marktes entgegenwirkend, findet der von sich und seiner Sache überzeugte Schreibende den direkten Weg zum Publikum. Er wird zum Rezitator, notfalls auch eigenen Verleger. „Tragen die Bücher ihren Erzeuger nicht, muß der Erzeuger seine Bücher eben in die eigenen Hände nehmen.

Wo die Leser gar nicht wissen, wonach sie verlangen sollen – weil kein Mensch, kein Medium sie vorher in Kenntnis gesetzt hat – muß der Autor sich seine Leser persönlich zusammenlesen...

Dem Selektionsdruck des Marktes ausweichend, aber nicht nach innen, bewegt sich eine nicht auf Anhieb marktlösliche Literatur auf ihre erst noch zu ermittelnden Klienten zu, entschlossen, ihre persönliche Eigenart in den unmöglichsten Hydeparkecken und Freihandelsnischen leuchten zu lassen." Die Rückwirkung dieser Existenzform, nicht nur auf Themen und Gegenstände, sondern auch Satzbau, Schreibstil und Wortschatz, bleibt natürlich nicht aus.

Wer mit Gedichten jemals zu tun hatte, kennt den Begriff des „lyrischen Ich". Er suggeriert Eindeutigkeit: Da, so denkt man, spricht Einer von sich. Von sich allein und von keinem Andern.

Was da steht, hat er selbst erlebt und empfunden. Es ist in einem Maße authentisch, wie es uns kein Roman und schon gar kein Drama zu bieten hat.

Daran ist Richtiges und Falsches. „Zu dem 'Wert' eines Gedichts gehört das 'Gesicht' des Verfassers", gestand sogar Brecht der lyrischen Gattung zu.

Doch nicht in jedem Fall muß das „Gesicht" Ereignisse aus dem Leben des Dichters spiegeln. Denken wir nur an die Balladenform, die geschichtliche oder legendäre Vorfälle aufgreift. Wenn auch aus dem Blickwinkel des Schriftstellers. Und darum eben geht es. Um des Autors Meinung zur Sache. Ist Lyrik also doch Selbstausdruck? Oh ja. Sie drückt des Schreibenden Ansichten aus. Auch wenn er Andere reden läßt. Auch wenn er Dinge beschreibt, die er zutiefst mißbilligt. „Es geht nicht darum, 'den Dichter kennenzulernen', sondern die Welt..." sagte Brecht. Doch durch des Dichters Auge und Ohr, setzen wir hinzu. Welt und Sicht zusammenzubringen, ist aber oft kein Leichtes.

Jedes Wort hat seine Zeit, seinen Zusammenhang mit dem jeweiligen Status quo, seine Entsprechung in ihm. Die rasante Umgestaltung des sozialen, damit auch persönlichen Lebens in den letzten anderthalb Jahrzehnten hat die „Halbwertzeiten" bis dahin gängiger Begriffe enorm verkürzt. Und das Verfallstempo steigert sich weiterhin.

Niemand kann das besser beurteilen als ein ehemaliger DDR-Bürger. Was, zum Beispiel, ist oder war ein sogenanntes Winkelement? Nein, Sie irren sich: Kein Requisit der Verkehrspolizei, nicht die „Fliegenklatsche" des Schupos. Sondern ein bedrucktes Papierfähnchen, mit dem man, vom Straßenrand her oder an der Tribüne vorbeiziehend, der Staatsführung „zujubelte". Und die „Komplexannahmestelle" war keineswegs eine Freudsche Heilanstalt, sondern der Laden, der Haushaltsgeräte zur Reparatur annahm, Textilien für Wäscherei oder Reinigung, Schuhe zum Besohlen und wo man außerdem noch seine Heiratsannoncen aufgab.

Da die Begriffe mit ihrem Gegenstand aus dem kollektiven Gedächtnis geschwunden sind, läßt sich heute auch aus dem Widerspruch von Formulierung und Inhalt kaum noch Witz ziehen. Man versteht sie einfach nicht mehr.

Der Autor wird sich deshalb, nach Möglichkeit, vor schnell veraltenden Bildern und Worten hüten. Ganz aber kann er sie nicht vermeiden, will er bestimmte menschlich-soziale

Sachverhalte zur Sprache bringen. Da und dort muß er, sehenden Auges, das Risiko der Vergänglichkeit eingehen, den Vorwurf des Feuilletonismus ertragen, will er nicht nur über Blumen sprechen oder ewige Liebe.

Es gibt Gedichte des großen Tucholsky, die uns noch heute begeistern. Aber auch andere von ihm, deren Konkreta damals so aktuell waren, daß sie uns jetzt nichts mehr sagen. Wie Heine war er Poet und Aufklärer dazu. Ein Ziel für uns, aufs Innigste zu wünschen.

In Zusammenhang mit dem deutschen Drang, einzuteilen und zu sortieren, ist viel geschrieben worden. Über „das Heitere" und „das Ernste", über pontifikale und profane Gedichte, U- und E- Kunst etc. Im angelsächsischen Raum wäre dergleichen kaum denkbar.

Die Aspekte wechseln im Leben. Aus Heiterkeit kann bitterer Ernst werden, Tragik hat oft auch komische Seiten. Wer nur lacht, ist ein Narr. Wer nur weint, ebenfalls. Das Leben ist nicht homogen. Wie sollte es da die Kunst sein? Zu reden ist deshalb weniger von Genres als von Gestaltungsmethoden. Was die alten Griechen „meiosis" nannten, die Amerikaner „understatement", was Brecht mit „Verfremdung" meinte, sind unentbehrliche künstlerische Verfahrensweisen, mit denen wir versuchen, die Begebenheiten ihres verhüllenden Schleiers, ihres traditionellen Heiligenscheins zu entkleiden und auf den Kern oder wie man sagt, wieder „auf den Teppich" zu bringen. Wodurch oft komische Effekte entstehn. Der parodistische Bezug auf allseits bekannte ältere Werke kann dabei u. U. hilfreich sein („Morgenlied", „Abendlied", „Bad Mons – Ein Sommermärchen"). Und erst die Banalisierung, Ironisierung der bislang ganz anders erzählten römischen Geschichte („Historienschinken") gibt Analogien frei, die sicher erschreckend, aber durch solcherart Formulierung auch wieder amüsant sind. Und das muss man von Kunst schon verlangen.

Das soll nicht heißen, hier würde durchweg auf die Einfühlung von Autor und Publikum gepfiffen. Im Gegenteil: Erst das „Einsteigen" in Probleme und Vorgänge erlaubt dem

Autor, sie bis zu dem Punkt zu führen, jenen „Kick" zu erreichen, wo die Hüllen fallen. Nur Einem, der vorher heiß war, bekommt die kalte Dusche. Auch lassen sich in diesem Bändchen einige Gedichte finden, die, was sie beschreiben, durchaus ernst nehmen, die ich sogar sentimental nennen möchte.

Was also ist der Deckel auf meinen Topf, mit diesen in Thema, Stimmung und Form so verschiedenen Gedichten?

Die „Einheit der Person", die persönliche Meinung zum Gegenstand, der keineswegs nur das eigene Leben der Autorin sein muß.

Ihr Bekenntnis zur „Gebrauchslyrik" hat sie schon im Nachwort zum Bändchen „Mildernde Umstände" abgelegt. Dazu gehört auch die bewußt gewählte umgangssprachliche Formulierung.

Weiter: das Festhalten an Rhythmus, Vers, Reim, an der musikalischen Seite des Textes, wo möglich der reimend gefundenen Pointe, als Quelle des Vergnügens für Rezitator und Publikum.

Da Meinung und Blickwinkel aber letztlich nichts anderes als geronnene Erfahrung sind, sieht die Verfasserin froh in die Zukunft.

Denn wo Aussagefähigkeit von Erfahrung herkommt, kann mit jedem weiteren Lebensjahr alles nur immer besser werden.

W., am 30.07.2005   Brigitte Thurm